José Ramón Ayllón

MITOLOGIAS MODERNAS

2ª edição

Tradução
Emérico da Gama

Notas
Rafael Stanziona de Moraes

QUADRANTE

São Paulo
2024

Título original
Mitologías modernas

Copyright © 2011 Ediciones Palabra

Capa
Karine Santos

Dados Internacionais de Catalogação na Publicação (CIP)

Ayllón, José Ramón
    Mitologias modernas / José Ramón Ayllón — 2ª ed. — São Paulo : Quadrante, 2024.
    ISBN: 978-85-7465-769-1

    1. Agnosticismo 2. Evolucionismo 3. Relativismo 4. Sexualidade I. Título

CDD-501.4

Índice para catálogo sistemático:

1. Evolucionismo : Mitologia moderna :
Ciências naturais 501.4

Todos os direitos reservados a
QUADRANTE EDITORA
Rua Bernardo da Veiga, 47 - Tel.: 3873-2270
CEP 01252-020 - São Paulo - SP
www.quadrante.com.br / atendimento@quadrante.com.br

SUMÁRIO

Os problemas da evolução 5

Mitologia sexual 29

Relativismo e democracia 53

O silêncio de Deus 69

OS PROBLEMAS DA EVOLUÇÃO

Darwin e a seleção natural

A ciência progride quando um amplo conjunto de fatos pode ser reduzido a leis que os integrem. É próprio da Biologia encontrar princípios que expliquem a pluralidade aparentemente heterogênea dos organismos vivos. Desde Darwin, a teoria da evolução constitui a mais persistente tentativa de explicação dessa pluralidade.

Em 1735, Lineu demonstrou que era possível classificar sistematicamente as espécies segundo as suas semelhanças morfológicas. Sirva como exemplo a estrutura esquelética da mão de cinco dedos dos vertebrados, que observamos em homens, macacos, guaxinins e ursos, mas também em gatos, morcegos, marsupiais, lagartos e tartarugas.

Darwin propôs-se explicar o mecanismo das diferenças e semelhanças observadas nas espécies naturais apelando para um processo de seleção natural que atuasse sobre as diversas raças e variedades de um ancestral comum, até fazê-las divergir tanto umas das outras que chegariam a constituir espécies diferentes. Apresentou as suas teorias ao público em *A origem das espécies* (1859) e em *A descendência do homem* (1871).

No mesmo ano em que Darwin nasceu (1809), Lamarck expôs na sua *Filosofia zoológica* a ideia básica do transformismo: a de que as espécies foram aparecendo dentro de um processo evolutivo em que umas se transformam em outras. Sustentava que o mecanismo de transformação era a herança dos caracteres adquiridos pelos seres vivos no seu esforço por adaptar-se ao meio. É clássico o exemplo da girafa, que teria chegado a ter um pescoço tão comprido à força de repetidos esforços por alcançar os alimentos nos ramos das árvores. Mediante esses esforços, os seres vivos teriam desenvolvido os órgãos mais utilizados, e a transmissão hereditária desse nível de desenvolvimento teria dado lugar a mudanças que, finalmente, teriam levado a uma nova espécie.

Darwin, no início, aceitou a ideia lamarckiana da transmissão de caracteres adquiridos, reforçando-a com um recurso tomado de Malthus: a seleção natural. Poucos anos antes, Malthus tinha escrito que nos aproximávamos de um mundo superpovoado, onde sobreviveriam apenas os seres humanos mais bem dotados. Darwin observou que se dá em todos os seres vivos uma luta pela vida e postulou que a sobrevivência dos indivíduos mais fortes provocaria uma seleção natural que conservaria e transmitiria as variações favoráveis, produzindo espécies cada vez mais bem adaptadas ao meio ambiente. Afirmou concretamente que todos os seres vivos descendem de uns poucos antepassados comuns e que a seleção natural é o motor das prodigiosas mudanças que nos levam da bactéria microscópica à espécie capaz de compor a música de Mozart.

O primeiro problema enfrentado por essa hipótese na sua forma original foi que, até recentemente, não se tinha conseguido observar nem demonstrar conclusivamente a mudança de uma espécie para outra. Além disso, a seleção natural não cria novidades, pois atua apenas sobre variantes de uma determinada característica previamente existentes.

Embora as leis da transmissão hereditária tivessem sido descobertas e publicadas por Mendel em 1865, o mundo só tomou conhecimento dessa revolução científica por volta de 1890, quando essas leis foram redescobertas independentemente por Hugo de Vries. Com a difusão das leis da genética, que constituíam uma terceira grande objeção ao darwinismo original, o evolucionismo viu-se obrigado a mudar de argumento.

Assim surgiu a *teoria sintética*, também chamada *neodarwinismo*. A seleção natural unia-se agora ao que se considerava o principal mecanismo das mudanças: as mutações genéticas. Sabemos que quase todas as mutações são prejudiciais e até mortais, mas — diz a teoria — a seleção natural fará com que se conservem e transmitam apenas as favoráveis. Como serão poucas e muito pequenas, serão precisos enormes períodos de tempo para que se produzam mudanças sensíveis. Deste modo a evolução se converte numa lenta e longa cadeia de pequeníssimas mudanças graduais.

Os fósseis não evoluem

Falar de evolução biológica é, em primeiro lugar, comprovar a aparição progressiva das diferentes espécies. A única coisa certa, por ser evidente, é a progressiva complexidade e perfeição das espécies ao longo do tempo. Por isso, o conceito de evolução só pode ser aplicado em termos estritos a essa "escada" segundo a qual vão surgindo seres cada vez mais perfeitos. Tudo o mais são hipóteses.

O inventário dos fósseis confirma a classificação dos seres vivos em cinco reinos: bactérias, células eucariontes, fungos, animais e plantas. O evolucionismo tem lutado por descobrir a cadeia filogenética que supostamente une todas as espécies — da bactéria ao ser humano —, mas não encontra explicação nem demonstração para a origem dos cinco reinos mencionados.

Atualmente, podemos identificar três milhões de espécies vivas, e supomos que sete milhões escapam ao nosso conhecimento. Agrupamos esses dez milhões de espécies em oitenta e nove *phila* (filos) ou grandes famílias: dezesseis de bactérias, vinte e sete de eucariontes, cinco de fungos, trinta e dois de animais e nove de plantas. As origens destes oitenta e nove ramos principais da vida também são muito obscuras e mal deixaram um rasto fóssil. Ninguém se atreve a identificar o tronco ancestral dos protozoários, nem o dos artrópodos, nem o dos moluscos, nem o dos vertebrados. Essa ausência de fósseis nas grandes etapas da evolução hipoteca toda a teoria.

Mais problemática ainda, evidentemente, é a descendência dos mamíferos e das aves a partir dos répteis, a dos répteis a partir dos anfíbios e a dos anfíbios a partir dos peixes. Esta situação levou um dos grandes zoólogos do século XX, Pierre-Paul Grassé,[1] a escrever que "dada a ausência quase total de fósseis

---

[1] Pierre-Paul Grassé (1895-1985) foi um zoólogo francês, professor nas universidades de Clermont-Ferrand e Paris, e autor de mais de 300 obras. Foi membro da Academia de Ciências e doutor *honoris causa* das universidades de Bruxelas, Bonn, Madri, Barcelona e São Paulo, entre outras. Expôs as suas opiniões sobre evolução e metafísica em *L'Évolution du vivant, matériaux pour une nouvelle théorie transformiste* (Albin Michel, 1973), *Biologie moléculaire, mutagenèse et évolution* (Masson, 1978), *L'Homme en accusation: de la biologie à la politique* (Albin Michel, 1980).

pertencentes aos troncos dos *phila*, toda a explicação do mecanismo da evolução se vê inevitavelmente carregada de hipóteses. Esta comprovação deveria fazer parte do encabeçamento de qualquer livro dedicado à evolução".

Darwin estava convencido de que o número de elos intermédios entre as espécies atuais e as extintas tinha de ser "inconcebivelmente grande". Nesse caso, por uma questão de lógica, iríamos descobrindo constantemente fósseis de formas de transição. Mas acontece precisamente o contrário: tudo o que descobrimos são espécies bem definidas, que apareceram e desapareceram subitamente, como por um passe de mágica, não no fim de uma cadeia de elos. A ausência de formas de transição entre as espécies já tinha desconcertado Darwin:

> "Se as espécies descenderam umas das outras mediante uma fina gradação de passos imperceptíveis, por que não vemos por toda a parte um sem-fim de

formas de transição? Por que toda a Natureza não se encontra em amontoada confusão, em vez de apresentar espécies bem definidas?"

Hoje, os achados fósseis continuam a apresentar duas características contrárias ao darwinismo: o imobilismo morfológico das espécies e a sua súbita aparição e desaparição. A Bacia Bighorn — no Wyoming, Estados Unidos — contém uma sequência ininterrupta de fósseis ao longo de cinco milhões de anos; quando foi descoberta, os paleontólogos acharam que seria fácil concatenar várias espécies. Mas não encontraram um só caso de transição. Além disso, as espécies permaneciam invariáveis durante um período médio de um milhão de anos, antes de desaparecerem bruscamente. Por isso, se evolução significa mudança gradual de uma espécie para outra, a característica mais notável do inventário fóssil é a ausência de evolução.

Para salvar a situação, o neodarwinismo propôs uma síntese entre Darwin e

Mendel. A *teoria sintética* faz a seleção natural operar sobre as mutações genéticas que se produzem ao acaso. Hoje, passado quase um século da teoria sintética, parece que quem tem a última palavra é a biologia molecular, que vê nas mutações do DNA mais determinação que puro acaso.

A alternativa molecular abre cada vez mais caminho ao conceito de um programa evolutivo. Nietzsche intuiu-o à sua maneira quando escreveu que "Darwin superestima de modo absurdo a influência do meio ambiente, porque o fator essencial do processo vital é precisamente o tremendo poder de criar e construir a partir de dentro".

Acaso e finalidade

O evolucionismo diz-nos que o que produziu a vida foram combinações ao acaso durante milhões de anos; e que foram mais combinações ao acaso, durante mais milhões de anos, que a diversificaram em inúmeras espécies. Talvez em nível biológico possamos admitir essa explicação, mas a seguir devemos perguntar-nos se o nível biológico é o definitivo.

Quando o evolucionista Gordon Taylor[2] era o diretor dos programas científicos televisivos da BBC britânica, costumava contar o caso dos trilobitas, animais que povoaram os mares primitivos e que se extinguiram deixando milhões de fósseis. Em 1973, ao analisarem-se os seus olhos, descobriu-se que esses animais tinham resolvido por conta própria problemas de ótica sumamente complexos: as lentes estavam formadas pelo único material apropriado, cristais de calcita; tinham a curvatura exata; estavam protegidas por uma córnea e tinham sido alinhadas com precisão, de modo que não era preciso focar.

---

2 Gordon Rattray Taylor (1911-1981), escritor e jornalista britânico especializado em temas de ciências biológicas e biotecnologia.

Além disso, tinham conseguido desenvolver uma lente para corrigir a aberração ótica, idêntica à que viriam a propor Descartes e Huygens, que desconheciam absolutamente os trilobitas; e tinham resolvido esse problema quinhentos milhões de anos antes. Como foi que obtiveram a complicada informação genética necessária para construir essa estrutura quase milagrosa? Tudo isto — conclui Taylor — parece um plano misterioso e não o resultado de uma série de felizes acidentes.

Esse plano a que Taylor alude nada mais é que a noção de finalidade, bem conhecida desde os tempos de Sócrates, pois o estudo da realidade física descobre a existência de planos e pautas de atividade. Não se trata de uma noção científica — como também não o são a justiça e o amor —, mas a sua evidência é esmagadora e põe de manifesto que o conhecimento científico não abrange toda a verdade e que a racionalidade científica é apenas uma parte da racionalidade humana. Afinal de contas, ainda que o biólogo não estude a finalidade, os organismos que estuda não existiriam sem ela.

Uma vez que a finalidade não é um dado quantificável, invoca-se com frequência o acaso para explicar a organização da vida. Sem perceber que o acaso também não é, de maneira nenhuma, uma realidade quantificável. Precisamente por isso, o acaso é o grande ponto fraco do evolucionismo neodarwinista.

Como não é demonstrável, não pode ser objeto da ciência. Além disso, vai contra a evidência da ordem e da regularidade que se observam na natureza. Por último, ainda que se admita que existe, sempre nos ficará no ar uma pergunta: quem proporciona ao acaso as peças do quebra-cabeças do mundo?

O próprio Darwin nunca acabou de aceitar a ideia de que uma estrutura tão complexa como o olho tivesse evoluído pela acumulação casual de mutações favoráveis. Para esses casos, falava do problema dos órgãos de extrema complexidade. Mais explícito que Darwin, Pierre Grassé afirma que "a finalidade imanente ou essencial dos seres vivos classifica-se entre as suas propriedades originais. E não é algo que se discuta — comprova-se".

Evolução não se opõe a criação

A noção de criação aparece pela primeira vez na Bíblia, mas é também de índole filosófica e, portanto, racionalmente demonstrável. Tudo no cosmos pode talvez ser explicado por leis científicas, exceto essas mesmas leis e a própria realidade do cosmos: saber como funciona não é o mesmo que saber por que existe. Perguntar pela causa da existência é perguntar por uma causa que não se identifica com nenhuma realidade finita, porque tudo o que é finito recebeu de outro o seu ser.

Por surpreendente que pareça, o mundo não tem em si mesmo a explicação última da sua existência. Cada um dos fenômenos cósmicos pode talvez ser explicado por uma lei científica que o remeta para fenômenos anteriores, mas assim não se explica o porquê da sua própria realidade, a causa última que produz o seu ser. Este é um claro exemplo da distinção entre explicação científica e explicação filosófica.

A noção filosófica de criação afirma que a realidade foi produzida *ex nihilo*, do nada, sem partir de nenhuma matéria prévia. Criar não é transformar algo preexistente, mas produzir radicalmente, conseguir uma absoluta inovação, um rendimento puro. Já a evolução é uma hipótese científica que tenta explicar os mecanismos de mudança nos organismos biológicos. Portanto, ocupa-se da mudança de certos seres, não da causa do ser desses seres. Vê-se, pois, que a criação e a evolução não podem entrar em conflito, porque se movem em dois planos diferentes.

No entanto, há conflito. E, além disso, provocado por ambos os lados. Por parte do evolucionismo, quando ultrapassa os limites da ciência e afirma que tudo é matéria e, em consequência, só na matéria se pode achar a explicação de si mesma e das suas transformações. Por parte do criacionismo, quando afirma que toda a mudança equivale a uma nova ação criadora da Causa primeira, quando não tem em conta que a matéria é essencialmente mutável, de modo que a criação de coisas materiais não só não exclui a mutação dessas coisas, mas a exige, pois é uma criação evolutiva. Uma certeira comparação do escritor alemão Ernst Jünger (1895-1998) esclarece este ponto:

"A teoria de Darwin não levanta problema teológico algum. A evolução transcorre no tempo; a criação, pelo contrário, é o seu pressuposto. Portanto, se se cria um mundo, com ele proporciona-se também a evolução: estende-se o tapete e este vai movimentando os seus desenhos".

Esta mesma ideia foi expressa por Santo Agostinho, de forma incomparável, há mil e seiscentos anos:

"As sementes dos vegetais e dos animais são visíveis, mas há outras sementes invisíveis e misteriosas mediante as quais, por mandato do Criador, a água produziu os primeiros peixes e as primeiras aves, e a terra os primeiros rebentos e animais, segundo a sua espécie. Sem dúvida alguma, todas as coisas que vemos estavam previstas originariamente, mas para virem à luz teve que se produzir uma ocasião favorável. Tal como as mães grávidas, o mundo está fecundado pelas causas dos seres. Mas estas causas não foram criadas pelo mundo, e sim pelo Ser Supremo, sem o qual nada nasce e nada morre".

Ciência e mitologia

Em *A origem das espécies*, Darwin fala de "leis impressas pelo Criador na matéria".

Um século depois, o darwinismo oficial atraiçoou Darwin e converteu a sua hipótese na alternativa laicista à criação simbolizada no relato do Gênesis.

Como uma nova reviravolta copernicana, a exclusão da causalidade de Deus sobre o mundo tem uma imensa importância cultural. E é um empenho que exige do evolucionismo milhares de pesquisadores especializados, além de profissionais capazes de atingir o grande público: professores e mestres, autores de livros de texto e programas televisivos, artistas de ilustrações verossímeis e sugestivas, reconstruções brilhantes em museus...

Surgidos para desfazer a imagem religiosa do mundo, o marxismo, a psicanálise, o positivismo e o evolucionismo têm sido religiões de substituição, que pedem fé e argumentam com causas ocultas indemonstráveis. Um exemplo típico é o dos salários, que são baixos porque os capitalistas exploram os trabalhadores, como predisse Marx. Mas, se os salários sobem, então é porque os capitalistas tratam de salvar o seu sistema corrupto mediante subornos, como Marx também prognosticou.

Quando digo que o evolucionismo "exige fé", refiro-me às argumentações habituais em livros de texto e revistas de divulgação científica. No seu número de novembro de 2004, a *National Geografic* conta-nos que o paleontólogo Phil Gingerich encontrou, fossilizada, metade de um astrágalo de baleia. Um colega encontrou pouco depois a outra metade. Quando Gingerich fez encaixar as duas peças, reconheceu que "tinha nas mãos um tarso de baleia quadrúpede, existente há quarenta e sete milhões de anos. Compreendeu imediatamente que as baleias estavam aparentadas com os antílopes". Para dissipar a inevitável perplexidade dos leitores, a revista acrescentou: "Phil Gingerich é um empirista convicto. Só se dá por satisfeito quando dispõe de dados sólidos".

Darwin foi um cientista rigoroso e um homem ponderado, mas a mitologia evolucionista perdeu ambas as virtudes. Um dos diretores da Fundação Atapuerca[3] afirma que "a descoberta mais assombrosa da humanidade é a evolução, e sem esta revelação não se pode entender nada do ser humano". Portanto, Homero e Sócrates não entenderam nada do ser humano; como também nada entenderam Platão, Voltaire, Maquiavel, Hobbes, Epicuro, Leonardo, Bach, Montaigne, Shakespeare, Pascal, Sêneca, Erasmo...

Se alguns darwinistas são grotescos, outros exibem uma arrogância áspera. Em 1959, comemorou-se em Chicago o centenário de *A origem das espécies*. Julian Huxley,[4] o orador mais aplaudido

---

[3] A Fundação Atapuerca administra os sítios arqueológicos encontrados na Sierra de Atapuerca, perto de Burgos, Espanha, e que têm sido escavados desde 1964 até hoje. Encontraram-se ali grandes quantidades de restos de hominídeos primitivos, junto com ossos de animais em parte extintos, utensílios e pinturas.

[4] Sir Julian Sorell Huxley (1887-1975) foi um dos artifices do neodarwinismo. Atuou como secretário

desse evento, declarou que "a terra não foi criada: evoluiu. E o mesmo fizeram os animais e as plantas, tal como o corpo do ser humano, a mente, a alma e o cérebro". Coisa parecida diz nos nossos dias o zoólogo de Oxford, Richard Dawkins, um dos evolucionistas com mais eco na mídia.

Nenhum deles reparou que a criação parece necessária para explicar o próprio ser dos viventes e das leis que os regem. Por isso não substitui as causas naturais que a Biologia estuda nem se opõe a elas. Embora sejam minoria, há criacionistas entre os evolucionistas mais prestigiosos, como Francisco Ayala,[5] que são capazes

---

da Sociedade Zoológica de Londres, foi o primeiro diretor da UNESCO, presidente da Sociedade Eugênica Britânica e membro fundador do World Wide Fund for Nature.

5 Francisco José Ayala (*1934) nasceu em Madri e naturalizou-se cidadão americano. É professor de biologia e filosofia da University of California em Irvine e presidente do conselho da Associação Americana para o Progresso da Ciência, além de

de expor o seu ponto de vista integrado com esta clareza:

> "Que uma pessoa seja uma criatura divina não é incompatível com o fato de ter sido concebida no seio da sua mãe e de conservar-se e crescer por meio de alimentos. A evolução também pode ser considerada um processo natural através do qual Deus traz as espécies vivas à existência de acordo com o seu plano".

A ciência tem a sua própria mitologia. Durante dois mil anos, o prestígio de Aristóteles e Ptolomeu fez com que ninguém duvidasse do modelo cosmológico geocêntrico, apesar das evidências em sentido contrário. Durante os últimos cento

---

participar de numerosas academias de ciências do mundo todo. É doutor *honoris causa* das universidades de Bolonha, Barcelona, Madri, Salamanca e Varsóvia, além de diversas outras.

e cinquenta anos, o prestígio de Darwin conseguiu que o seu modelo de evolução fosse admitido como dogma, quase sem discussão, nos meios científicos e na opinião pública, apesar da falta de provas e das evidências em contrário.

MITOLOGIA SEXUAL

A revolução de Nietzsche e Freud

A interpretação da vida humana em chave sexual é um dos grandes mitos modernos. Na raiz desta forma preguiçosa de enfrentar a complexidade do ser humano, encontramos Nietzsche (1844-1900), o profeta da ética concebida como expressão da autonomia total do indivíduo:

"Durante demasiado tempo, o homem encarou com maus olhos as suas inclinações naturais, de modo que acabaram por associar-se à má consciência. Seria necessário tentar o contrário, isto é, associar à má consciência tudo o que se oponha aos instintos, à nossa animalidade natural".

Para conseguir essa profunda inversão de valores, Nietzsche sabia que devia arrancá-los da sua raiz fundamental. Assim se entende a sua obsessão por decretar a morte de Deus. Porque, "se Deus não existe, tudo é permitido", como sentenciou Dostoievski. Só assim o homem poderá ser super-homem, com forças para desfazer-se da máscara racional do dever, essa artimanha do fraco para dominar o forte. A morte de Deus é a morte definitiva do dever e a vitória da autonomia absoluta. Com Nietzsche, o Ocidente entrou no que o filósofo francês Gilles Lipovetsky (*1944) denomina o *crepúsculo do dever*, uma sociedade que despreza a abnegação e estimula sistematicamente os desejos imediatos, um Novo Mundo que só dá crédito às normas indolores, à moral sem obrigação nem sanção.

Um dos marcos na concepção materialista do ser humano é a dupla redução do amor à sexualidade e da sexualidade à mera biologia: *physical desire and nothing else*. Essa dupla redução só conseguiu vingar no século XX graças à enorme influência conjunta de Nietzsche e Freud.

Sigmund Freud (1856-1939) é um dos pais da psiquiatria. A sua célebre *psicanálise* constitui uma teoria geral do comportamento humano, que popularmente se reduz às tensões entre o *princípio do prazer* (manifestação direta ou indireta do instinto sexual) e o *princípio da realidade*, que reprime esse instinto. Essa repressão está no fundo de toda a neurose, afirma Freud, e os seres humanos cresceriam saudavelmente se a satisfação dos instintos fosse livre.

Mas a experiência da psiquiatria pôs de manifesto que a sexualidade assim entendida não liberta e que sexualizar a neurose neurotizou a sexualidade. Uma enorme quantidade de estudos demonstrou que a promiscuidade, a dependência da pornografia, a impotência sexual e diversas aberrações são consequência do modelo antirrepressivo freudiano. Porque, ao proclamar a conquista de um mundo feliz pela libertação dos instintos de quaisquer entraves, Freud ignora a sua desordem latente.

Desde a antiga Grécia, desde que Platão nos retratou no mito do carro alado,[1] sabemos que uma antropologia correta é sempre hierárquica: se a razão não assume as rédeas e prevalece sobre os instintos, é dominada por eles. Neste terreno, procurar um equilíbrio pacífico é pretender um

---

1 No diálogo *Fedro*, Platão retrata a alma humana como a "união natural de um time de cavalos alados com o seu condutor". Os deuses teriam dois cavalos bons, mas os homens um bom e um que não é bom nem mau, e por isso o condutor — que é a razão — teria de conduzi-los com dificuldade e esforço. As asas são capazes de elevar coisas muito pesadas até a esfera onde moram os deuses, e alimentam-se e crescem na presença da sabedoria, da bondade e da beleza divinas; mas a podridão e a feiúra as fazem encolher-se até desaparecerem. Se se uma alma perde as asas, cai na terra e assume um corpo humano.

pacifismo impossível. O ensaísta e filósofo George Steiner (*1929) escreveu:

"A psicanálise enche-me de incredulidade. A teoria do meu pai como rival sexual e de certo complexo de Édipo universal foi refutada há muito tempo pela antropologia e parece-me um melodrama irresponsável".

Hoje sabemos que Freud se serviu do seu prestígio como médico. Depois da sua morte, a escandalosa descoberta de histórias clínicas inventadas pôs a claro que o psiquiatra vienense encontrava na psicanálise o que previamente tinha decidido encontrar. Jung (1875-1961), um dos seus maiores discípulos, escreveu nas suas *Memórias* o que Freud lhe disse certa vez: "Temos que fazer da teoria sexual um dogma, uma fortaleza inexpugnável".

O certo é que, com as suas ideias, Freud conquistou amplíssimos setores culturais e sociais, e as razões do seu êxito são múltiplas. Era um homem que possuía ambição, talento literário e imaginação. Concebia neologismos e criava lemas com facilidade e boa fortuna, ao ponto de incorporar na língua alemã palavras e expressões novas: o inconsciente, o ego e o superego, o complexo de Édipo, a sublimação, a psicologia profunda...

Outra parte do seu êxito se deve a Einstein. Por uma surpreendente confusão de ideias, a opinião pública começou a equiparar a relatividade física com o relativismo moral. Ninguém mais que Einstein se assustou ao verificar as dimensões do erro provocado pela sua célebre teoria, mas pouco podia fazer para lhe pôr remédio.[2]

---

2 A teoria da relatividade de Einstein não autoriza, de modo algum, uma espécie de relativismo cosmológico. Pelo contrário, nessa teoria, o que Einstein faz é levar às últimas consequências a sua convicção de que as *leis* da física são "absolutas", ou seja, as mesmas em qualquer sistema de referência. Ele reformou, e de certa forma superou, as várias leis da física clássica que não respondiam a essa exigência radical.

Se a teoria de Einstein se chama teoria da relatividade é porque, de acordo com ela, algumas

Muito mais importante foi a descoberta de Freud por parte de artistas e intelectuais. Apesar das suas origens independentes, pode-se pensar que o surrealismo nasceu para exprimir visualmente as ideias

---

grandezas físicas que a física clássica considerava absolutas passam a ser relativas (por exemplo, as dimensões de um corpo rígido). Mas isso não implica de modo algum o relativismo; significa simplesmente que devemos mudar a nossa concepção a respeito dessas grandezas físicas, passando a entendê-las do mesmo modo que tantas outras que a física clássica sempre considerou relativas (como por exemplo a velocidade).

Nada mais oposto ao pensamento de Einstein do que a descrença relativista na existência de uma verdade científica ou mais amplamente na existência de uma verdade. A este propósito, pode-se ver, por exemplo, o interessante livro de Rebecca Goldstein, *Incompletude: a prova e o paradoxo de Kurt Gödel* (Companhia das Letras, São Paulo, 2008), em que a autora, ao retratar alguns aspectos da vida pessoal do grande matemático Gödel, devido à estreita amizade que o uniu a Einstein nos anos em que ambos moraram em Princeton, esclarece também varias ideias do genial físico alemão.

freudianas. Em 1919, Marcel Proust publicou *À sombra das moças em flor*, talvez a primeira tentativa literária de relativizar de um só golpe o tempo e as normas morais. A segunda tentativa não se fez esperar: tinha por título *Ulisses*, a obra de James Joyce.

Joyce e Proust foram mudando o centro de gravidade de toda uma visão milenar da vida. Ignorando a herança clássica, que conferia ao homem uma vontade e uma responsabilidade precisas, diluíram a conduta humana num confuso amontoado de sensações, compatíveis com todas as desordens. Proust reconhece nos seus personagens "o maior de todos os vícios: a falta de vontade, que impede de resistir aos maus hábitos".

Woody Allen e o dragão

"Existe um feroz dragão chamado *você deve*, mas contra ele o super-homem lança as palavras *eu quero*". Durante um século, essa pretensão de Nietzsche foi calando nos países ocidentais até provocar uma profunda inversão da moral pensada e vivida.

Encontramos um exemplo eloquente disso em qualquer dos filmes de Woody Allen. É o que se vê, por exemplo, em *Melinda e Melinda*, nome que se repete no título talvez para sublinhar que o seu criador também se repete e nos conta a mesma coisa em todos os roteiros dos seus filmes: uma inteligente e risonha justificação do sem-sentido existencial e da infidelidade conjugal. Porque os personagens de quase todos os seus filmes juntam-se, arrumam casos paralelos, divorciam-se, deprimem-se..., juntam-se de novo, arrumam novos casos, voltam a divorciar-se, voltam a deprimir-se...

São vidas em que qualquer ideia sobre o dever ou a responsabilidade é sufocada por um matagal de desejos e sentimentos que crescem sem controle. Há algum tempo, na contracapa do roteiro de *Hannah e suas irmãs*, publicado por

Tusquets, encontrei a expressão exata dessa completa amoralidade. A pérola dizia: "Nada do que aqui os personagens fazem ou deixam de fazer está bem ou mal feito, pois todos eles se comportam segundo as suas próprias fraquezas".

Em *Melinda e Melinda*, como digo, encontramos mais do mesmo. Personagens que são marionetes dos seus impulsos e que poderiam dizer como o Felipe da Mafalda:[3] "Até as minhas fraquezas são mais fortes do que eu". Estamos diante de homens e mulheres que são incapazes de tomar nas mãos as rédeas da sua vida, abandonados ao escapismo imaturo do *carpe diem*, que podemos traduzir como "aproveite ao máximo o momento presente".

O amor é — para o seu criador — uma quimera impossível, e é substituído pelo sexo sem compromisso e pelos pequenos caprichos de uma vida aburguesada. Em

---

[3] A famosa personagem do caricaturista argentino Quino.

Woody Allen, a fraqueza humana justifica quase tudo no terreno sexual, e isso também nos recorda Nietzsche, que escolhe o deus grego Dionísio como expoente máximo de um modo de vida que deseja embriagar-se nos instintos vitais.

Tal como Nietzsche, o nosso cineasta tem alergia ao dever moral. É uma aversão que o incapacita para esse compromisso estável que chamamos *fidelidade*. E essa incapacidade passa uma conta que repugna: o roteirista e os seus personagens costumam acabar na cadeira do psiquiatra, lançados de cá para lá pelos ventos mutáveis dos seus próprios caprichos. Querem ser felizes — como todos nós —, mas querem-no a qualquer custo e à custa dos outros, que vão ser usados e manuseados como objetos de prazer.

Woody Allen intui que a chave da felicidade é o amor, e não se engana, mas a sua cabeça freudiana entende por amor "fazer amor" e pouco mais. Assim — de forma irrefutável e sem pretendê-lo —, demonstra-nos que o prazer é apenas um ingrediente da felicidade. Um ingrediente que nem sequer é necessário, porque, quando pretendemos alcançar a plenitude pelo atalho do prazer, essa plenitude nos escapa.

Woody Allen sabe que fomos feitos para a felicidade, mas parece desconhecer que essa delicada substância se amassa com amor sacrificado e amizade generosa, com serviço aos outros e sentido transcendente da vida. Apesar de tudo, esse senhor que diz ser suficientemente baixo e feio para triunfar por si mesmo, desarma-nos com frequência. Os seus personagens, empenhados em ser personagenzinhos à força de cinismo, comovem-nos. Porque nós somos como eles. Ou poderíamos ser.

Ideologia contra biologia

Por um elementar respeito pela linguagem, sobre o qual se fundamenta a possibilidade de comunicação inteligente, a humanidade tem costumado chamar pão ao pão e vinho ao vinho, e matrimônio à união conjugal de um homem e uma mulher. Também é verdade que sempre existiram Quixotes que chamaram gigantes aos moinhos, castelos às estalagens e castas donzelas às moçoilas de aldeia.

Hoje, uma moderna escola quixotesca, conhecida como *ideologia de gênero*, empenha-se em chamar matrimônio a outras ligações, contradizendo a evidência mais irrefutável; dizem que essas combinações poderiam gerar filhos se fosse possível fecundá-las, mas que a biologia lhes nega essa possibilidade. A obsessão da ideologia de gênero é talvez o último cartucho da luta de classes marxista, disparado pelo lobby cor-de-rosa.

A citada escola quer fazer-nos acreditar que o matrimônio é pura convenção, regulada pelo Direito para dar um verniz de honorabilidade às relações sexuais estáveis entre adultos de diferentes sexos. Mas a verdade é que, em todos os tempos e em todos os lugares — desde os homens da caverna de Altamira até o século XXI —, se protegeu essa união por estar diretamente associada à origem da vida e à sobrevivência da espécie, por ser a instituição que nos traz mais riqueza humana, laços de solidariedade e qualidade de vida.

A introdução artificial — por reprodução assistida ou adoção — de uma criança na casa de duas pessoas do mesmo sexo não converte essas pessoas em casadas nem os três em família. Dois homens podem ser bons pais, mas nunca serão uma mãe, nem boa nem má; duas mulheres podem ser duas boas mães, mas nunca serão um pai, nem bom nem mau. "Não desejo a nenhuma criança o que não desejei para mim mesma", diz a psicóloga Alejandra Vallejo-Nágera: "Gosto, sempre gostei, de ter um pai e uma mãe. Qualquer outra combinação de progenitores parece-me incompleta e imperfeita".

Mais do que um tema jurídico ou religioso, mais do que uma questão de tolerância ou liberdade, mais do que um assunto progressista ou retrógrado, estamos diante de um problema basicamente biológico. Pode-se opinar o que se queira, mas o que opinemos é irrelevante quando é a biologia que tem a última palavra.

Apesar disso, a ideologia de gênero — tão amiga da quadratura do círculo — diz-nos que a sexualidade masculina e feminina é opcional, não determinada pela condição biológica do homem e da mulher. Por isso, ao atribuir à liberdade um poder que não tem, ao confrontá-la tão violentamente com a biologia, torna inevitáveis sérios conflitos legais, morais e psicológicos, dos quais não se livram as possíveis crianças adotadas.

A Associação Mundial de Psiquiatria sublinhou que uma criança "paternizada" por um casal de homens entrará necessariamente em conflito com as outras crianças, comportar-se-á psicologicamente como uma criança em luta constante com o seu ambiente e com os outros, incubará frustração e agressividade.

Que caminho percorreu o feminismo até chegar à ideologia de gênero? A pretensão do primeiro feminismo — nos tempos da Revolução francesa — foi legítima e positiva: a equiparação de direitos entre homem e mulher. Mas aos direitos seguiram-se as funções, e o feminismo começou a exigir a eliminação da tradicional distribuição de papéis, considerada como um arbítrio. Assim se chegou a rejeitar a maternidade, o casamento e a família.

Encontramos na base desta nova pretensão as ideias de Simone de Beauvoir, publicadas em 1949 no seu revolucionário *O segundo sexo*. Beauvoir previne contra a "trapaça da maternidade", anima a mulher a libertar-se dos "grilhões da sua natureza" e recomenda que se passe a educação dos filhos para a sociedade, que se fomentem as relações lésbicas e a prática do aborto.

Hoje, os promotores do feminismo radical de gênero lutam pelo triunfo de novos modelos de família, educação e relações, em que o masculino e o feminino estejam abertos a todas as opções possíveis. Nos livros de texto de alguns países sobre a disciplina "Educação para a Cidadania", não se fala em nenhum caso da verdade, nem do bem, nem da consciência; em pouquíssimas ocasiões se fala da família e dos pais. Em contrapartida, reivindica-se em dezenas de lugares a liberdade de orientação afetivo-sexual.

Educado para ser mulher

A ideologia de gênero é o passo mais radical do feminismo radical, pois pretende eliminar as diferenças naturais e interpretar com base na cultura, não na biologia, a condição sexuada do homem e da mulher. Cada qual pode fazer do seu corpo o que quiser já que *o corpo é meu*, ou — dito com um toque de elegância — *my body is my art*.

Tempos atrás, a imprensa internacional noticiou o fracasso de uma vergonhosa experiência médica. O psiquiatra americano John Money (1901-2006) tinha pretendido demonstrar — já a partir da década de sessenta — a teoria de que a sexualidade depende mais da educação do que dos genes. As suas cobaias foram dois bebês gêmeos: Bruce e Brian Reimer. Em 1965, um infeliz acidente com Bruce proporcionou a Money a oportunidade de transformar o corpo do bebê — por cirurgia plástica e com o consentimento dos pais — num corpo com aparência feminina. Money disse aos pais que deviam criar o bebê como se fosse uma menina e manter o episódio em absoluto segredo. Assim, Bruce passou a chamar-se Brenda.

As condições da experiência eram perfeitas, pois tinha-se realizado sobre um recém-nascido que possuía o mesmo quadro genético do irmão gêmeo. O médico — que se fazia chamar missionário do sexo e era defensor infatigável dos matrimônios abertos e do sexo bissexual em grupo — confiava cegamente em que o gêmeo operado poderia ser educado como uma menina. No eterno debate sobre natureza e educação, ia demonstrar que a educação é tudo. Simone de Beauvoir e Sartre já tinham feito triunfar a ideia de que é o ser humano quem goza de liberdade, não a natureza.

Os Reimer seguiram ao pé da letra as instruções de Money, mas as coisas não correram conforme o previsto. Janet, a mãe, conta o que aconteceu quando tentou vestir Brenda com o seu primeiro vestido, pouco antes de fazer dois anos: "Tentou arrancá-lo, rasgá-lo. Lembro-me de que pensei: «Meu Deus, ele sabe que é um menino e não quer vestir-se como uma menina!»" "Brenda" também passou a ser rejeitado na escola, onde bem cedo manifestou estranhas "tendências lésbicas", apesar dos hormônios que o faziam tomar.

Enquanto toda a família via aflita o fracasso da operação, Money proclamava aos quatro ventos que a sua experiência era um êxito rotundo. Num artigo publicado em *Archives of Sexual Behaviour*, escreveu: "O comportamento da menina é claramente o de uma menina ativa, bem diferente das formas masculinas do seu irmão gêmeo". Ao mesmo tempo, a revista *Time* afirmava que "este caso constitui um apoio férreo à maior das batalhas pela libertação da mulher: o conceito de que as pautas convencionais sobre a conduta masculina e feminina podem ser alteradas".

Nesse ínterim, os gêmeos eram obrigados a seguir uma terapia com Money, que os fazia ver imagens sexuais e despir-se, em sessões que degeneraram e os traumatizaram profundamente. Quando Brenda tinha quinze anos, destruída pelas intermináveis sessões psiquiátricas e pela medicação com estrogênio, tentou suicidar-se. Seu pai contou-lhe então a verdade e ela decidiu voltar a ser um rapaz e chamar-se David. A cirurgia plástica fez o que pôde.

Em 2002, o irmão gêmeo, que sofria de esquizofrenia, suicidou-se. David nunca pôde superar o seu trauma e matou-se em

2004. "Daria qualquer coisa para que um hipnotizador conseguisse apagar todas as recordações do meu passado. É uma tortura que não suporto. O que fizeram com o meu corpo não é tão grave como o que provocaram na minha mente", tinha dito.

A família e os Simpsons

Em estreita relação com a ideologia de gênero e o feminismo radical, um dos mitos mais arraigados é o que apresenta as rupturas conjugais como uma conquista da liberdade, como uma solução rápida para os inevitáveis problemas do casal e como o ansiado caminho para essa felicidade que não acaba de chegar.

Quem desempenhou um papel primordial na aceitação ingênua e generalizada desse mito foi Hollywood. A maior indústria de entretenimento do planeta contribuiu francamente para isso, e é muito difícil encontrar famoso ou famosa que não se tenha divorciado e recasado —

frequentemente várias vezes — nos seus filmes e na sua ventilada vida real.

Mas o vírus não contaminou toda a gente. Na modesta vila de Springfield vive uma família desmitificadora e antissistema, e talvez por isso imune ao divórcio. Uma família composta por um bebê, uma menina repelente e encantadora, um rapazinho criador de casos, um pai vadio e beberrão e uma mãe coroada por um penteado azul e da altura de uma torre de Pisa.

Há quem diga que a família Simpson, além de extravagante, é corrosiva e pouco recomendável. Os psicólogos chamam-na disfuncional. Um desastre, diriam as nossas avós. Tudo isso é verdade, mas gostaria de ressaltar uma coisa a que ninguém aludiu: essa família luta solitariamente contra o maior império do cinema. Porque Hollywood teria passado o rolo compressor divorcista sobre o terceiro episódio do seriado, mas, longe de Hollywood, livre dos seus mitos, os Simpsons vêm demonstrando há mais de quatrocentos capítulos que a família é o maior investimento a longo prazo, a autêntica tábua de salvação num mundo mentiroso e à deriva.

Ninguém negará que Marge tem motivos para romper com o seu marido preguiçoso e alcoólico, um campeão do arroto e da flatulência. No entanto, essa dona de casa, tão correta e afável, tem outros motivos, muito diferentes e muito mais poderosos: o respeito pelo compromisso com Homer e os seus três filhos, o seu senso comum, o seu sentido religioso e o seu carinho sincero.

Um senso comum que nos recorda o Chesterton que, na meninice, ouviu dizer que nos Estados Unidos era possível obter o divórcio por incompatibilidade de gênios:

> "Pensei que era uma piada. Agora descobri que é verdade, e parece-me mais que uma piada. Se os casados podem divorciar-se por incompatibilidade de gênios, não entendo por que

não se divorciaram todos. Pela própria definição do sexo, qualquer homem e qualquer mulher têm modos de ser incompatíveis. E é precisamente por isso que se casam...

"Mais ainda, é daí que procede o aspecto mais divertido desse compromisso. Ninguém se enamora de uma pessoa compatível. Estou preparado para apostar que nunca houve um casal que demorasse mais de uma semana a descobrir a recíproca incompatibilidade de temperamentos, e que uma boa e sólida incompatibilidade é garantia de estabilidade e felicidade".

RELATIVISMO E DEMOCRACIA

O pluralismo

Como animal racional, o ser humano procura a verdade. Como animal preguiçoso, cansa-se de indagar e decide que as coisas são o que cada um acha. Os mitos costumam ser um fruto natural da complexidade do mundo e da preguiça dos homens, e entre eles o relativismo ocupa um lugar proeminente.

Pode-se falar da verdade e do bem numa sociedade democrática, livre e pluralista? Não tem cada qual o direito de pensar o que quiser e de viver como lhe apetecer? Da resposta a estas perguntas essenciais depende a saúde das nossas sociedades livres. E essa resposta consiste — em grande medida — em saber do que é que falamos quando falamos de pluralismo e de relativismo.

O pluralismo procede do reconhecimento prático da liberdade humana e consagra a convivência de pontos de vista e de condutas diferentes. No entanto, só é possível quando as diferenças se apoiam em valores comuns. Isto significa que o pluralismo deve afetar as formas, não o fundo. Porque o fundo em que a liberdade se apoia deve ser um fundo comum, que faz as vezes de fundo de garantia no qual estão depositadas as exigências fundamentais da natureza humana: os direitos humanos.[1]

---

[1] Nesta parte da sua obra, o autor critica a falácia dos que, sob o pretexto de defender o saudável pluralismo da sociedade atual, propugnam, com relação à ética, uma postura relativista. O pluralismo apoia-se no fato de as questões políticas, sociais, econômicas poderem ser resolvidas de várias maneiras distintas entre si e todas elas perfeitamente compatíveis com a ética em geral e a justiça em

O pluralismo — digamo-lo a título de exemplo — pode admitir diferentes formas de manifestar respeito pelas mulheres,

---

particular. O relativismo, pelo contrário, consiste na negação da ética como ciência, na afirmação de que qualquer conduta humana considerada boa por alguns pode ser considerada má por outros, *sem que haja equívoco* de uns ou de outros. Para o relativismo, não existem a verdade, o bem e a justiça. Considerada essa diferença, evidentemente, como aqui se afirma, só é legítimo o pluralismo quando se respeitam as exigências da natureza humana, os direitos humanos. Mas ainda cabe perguntar sobre como se podem determinar esses direitos e depois também sobre como se há de organizar a vida social, quando as pessoas discordam a respeito de quais sejam eles. A resposta a estas perguntas requer uma ponderação cuidadosa sobre as funções do Estado e sobre a tolerância, que escapam aos objetivos que aqui se pretendem. A propósito do tema pode consultar-se o livro de Jopseph Ratzinger, *Fé, verdade e tolerância* (Raimundo Lulio, São Paulo, 2007). Ou ainda os textos do mesmo autor sobre a verdade e o relativismo elencados em *Joseph Razinger, Uma biografia*, de Pablo Blanco (Quadrante, São Paulo, 2005), pp. 221 a 225. Nessas páginas pela justiça, pela virtude e pela razão. O que não pode é aprovar a conduta de Don Juan Tenório:[2]

> *Por onde quer que fui,*
> *a razão atropelei,*
> *da virtude escarneci,*
> *a justiça violei,*
> *e as mulheres vendi.*

---

o atual papa Bento XVI afirma a propósito da relação entre o relativismo e a democracia: "Muitos opinam que o relativismo constitui um princípio básico da democracia, porque seria essencial a ela que tudo pudesse ser posto em discussão. Na realidade, porém, a democracia vive com base em que existem verdades e valores sagrados que são respeitados por todos. Caso contrário, afunda-se na anarquia e neutraliza-se a si mesma".

2 O personagem da peça de José Zorilla (1817--1893), *Don Juan Tenorio* (1844), uma das versões mais populares do mito do grande sedutor. O original desses versos é: *"Por dondequiera que fui/ la razón atropellé,/ la virtud escarnecí,/ a la justicia burlé,/ y a las mujeres vendí"*.

O relativismo

O pluralismo é manifestação positiva do direito à liberdade. O relativismo, pelo contrário, constitui o abuso de uma liberdade que se considera no direito de julgar arbitrariamente a realidade. Por não admitir o peso específico do real, deixa a inteligência abandonada ao seu próprio capricho e por isso vem a ser um vírus que invade a estrutura psicológica do ser humano e o impede de reconhecer que as coisas são como são e têm consistência própria.

O primeiro passo do agir humano deve ser ver corretamente a realidade, procurar reconhecer as coisas como são objetivamente, não como podem subjetivamente parecer ou convir-nos que sejam. Isto não é nada simples. Vejamos um exemplo literário. O que para Sancho Pança é uma bacia de barbeiro, para Don Quixote é o elmo de Mambrino.[3] Mas os dois não podem ter razão, pelo simples motivo de que a realidade não é dupla. De igual modo, o que para Don Quixote são gigantes inimigos, para Sancho são moinhos de vento.

São exemplos suficientemente grotescos para não nos darmos por aludidos. Pode parecer-nos que ninguém no seu são juízo vê a realidade tão distorcida. Infelizmente, não é assim: entre um terrorista e um cidadão pacífico, entre um nazista e um judeu, entre um defensor do aborto e um defensor da vida, entre um vendedor de sorvetes e um vendedor de drogas, entre aquele que vive fora da lei e aquele que vive dentro, entre alguém que dirige o carro sóbrio e outro que o dirige bêbado, as diferenças são maiores e mais dramáticas que as diferenças entre Don Quixote e Sancho Pança.

---

3 Mambrino é um personagem dos romances medievais de cavalaria; seria um rei mouro, dono de um elmo de ouro puro que tornaria o seu possuidor invulnerável.

O relativismo converte a ética sólida em ética líquida, porque pretende a hierarquia subjetiva de todos os motivos, a negação de qualquer supremacia real. Abre assim a porta ao "tudo é válido", e por aí sempre poderá entrar o mais desatinado, o irracional. Com essa lógica, o viciado em drogas a quem se pergunta: "Por que você se droga?", sempre pode responder: "E por que não?" Entendido como concepção subjetivista do bem, o relativismo torna impossível a ética. Se queremos avaliar as condutas, carecemos de uma unidade de medida compartilhada por todos. Porque, se um quilômetro é para você mil metros, para aquele novecentos e para outro mil e duzentos, então o quilômetro não é nada. Se a ética deve ser critério unificador, deve ser uma só no fundamental, não múltipla.

Se a ética fosse subjetiva, todas as ações poderiam ser boas. E também poderiam ser boas e más ao mesmo tempo. O refrão "faze o bem e não olhes a quem" deixaria de ter sentido, porque "faze o bem" significaria "faze o que quiseres".

O relativo e o absoluto

Tal como o pluralismo, a ética é relativa nas formas, mas não deve sê-lo a respeito do fundo. Da natureza de um recém-nascido deriva a obrigação dos pais de alimentá-lo e vesti-lo. São livres de escolher estes ou aqueles alimentos e roupas, mas a obrigação é intocável. Subjetivamente, podem decidir não cumprir a sua obrigação, mas — se não a cumprem — comportam-se objetivamente mal.

Então, pode-se afirmar que há verdades universais e bens objetivos, dos quais derivam obrigações absolutas? Em duas palavras: "Há absolutos morais?" Ou será verdade o que diz Campoamor: "Pois neste mundo traidor,/ nada é verdade nem mentira,/ tudo é de acordo com a cor/ do vidro pelo qual se mira"? Estes versos refletem perfeitamente essa sagacidade rudimentar de quem só sabe enxergar em tudo o interesse próprio.[4]

Se "nada é verdade nem mentira", a Ética simplesmente não existe, mas também não a Física, a Eletrônica ou a Medicina. É certo que existem múltiplas verdades, que coexistem com múltiplas dúvidas e erros. Mas também é verdade que existem absolutos morais, que não são dogmas nem imposições: são, pelo contrário, critérios inteligentes, tão necessários como o respirar. Encontramo-los nesse fundo comum de todas as legislações e códigos penais: não roubar, não matar, não mentir, não abusar do trabalhador, não maltratar a criança ou o fraco...

O homem, em resumo, pode jogar de dois modos no campo da liberdade: ou

---

[4] Ramón de Campoamor y Campoosorio (1817--1901), poeta espanhol de segundo plano. O original dos versos citados é: *"Y es que en el mundo traidor/ nada es verdad ni es mentira;/ todo es según el color/ del cristal con que se mira"*.

de acordo com as regras do jogo (pluralismo) ou rejeitando o regulamento e a arbitragem (relativismo).

O consenso

Numa sociedade pluralista e multicultural, com divergências em questões fundamentais, torna-se necessário um esforço comum de reflexão racional, que é o de chegar pelo diálogo ao consenso e à convivência pacífica. O diálogo é sempre melhor que o monólogo. Diz a sabedoria popular que, conversando, a gente se entende, e que quatro olhos veem melhor que dois.

Mas, como escreveu o poeta Antonio Machado, de dez cabeças, nove precipitam-se e uma pensa. Esse exagero poético esconde uma advertência: a de que se pode chegar ao bem e à verdade por maioria sempre que essa maioria substitua a precipitação pelo olhar respeitoso sobre a realidade.

As éticas do diálogo chamam-se também procedimentais porque pensam que só se pode decidir sobre o que é justo quando se adota o consenso como procedimento. Os filósofos Karl Otto Apel e Jürgen Habermas consideram que, se as normas dizem respeito a todos, devem emanar do consenso majoritário. Sustentam que, sem ser uma solução perfeita — porque semelhante perfeição não existe —, o consenso é talvez a melhor forma de levar a ética à sociedade.

É preciso esclarecer, porém, que a ética não nasce automaticamente do consenso, porque há consensos que matam. MacIntyre formula esta simples pergunta: se numa sociedade de doze pessoas há dez sádicos, não prescreverá o consenso que os dois não sádicos devam ser torturados? E, para não ser acusado de jogar com o inverossímil, o filósofo faz esta outra pergunta: que validade tem o consenso de uma sociedade onde há um acordo geral acerca do assassinato em massa dos judeus? Ele mesmo responde que o consenso só é legítimo quando todos aceitam normas básicas de conduta moral.

Aceitar normas básicas de conduta moral quer dizer, entre outras coisas, que o acordo que resulta do debate não é o último fundamento da ética, pois um fundamento passível de discussão deixa de ser fundamento. Com todo o acerto, pois, diz Aristóteles que quem discute se se pode matar a própria mãe não merece argumentos, mas açoites. A conduta moral — como também a democracia — só pode fundamentar-se solidamente sobre princípios não discutíveis.

Por isso, aceitar princípios incondicionais não é uma atitude acrítica e subjetiva. É, por contrário, consequência de uma reflexão imparcial sobre as nossas intuições morais elementares. A responsabilidade materna não tem por fundamento uma predisposição sentimental nem um princípio teórico, mas a percepção básica de que, como a criança precisa da mãe, a mãe se deve a ela, sem outros raciocínios nem necessidade de consensos.

A aceitação de normas básicas de conduta implica também rejeitar uma argumentação estratégica, interesseira ou ideológica. No famoso conto de Andersen, há um consenso absoluto entre os que louvam os trajes do rei, mas todos mentem. Um só indivíduo, e além disso menino, tem razão em contrapor-se à maioria: "O rei está nu". Já que é possível um consenso errôneo ou hipócrita, as éticas dialógicas pedem como condição necessária que o debate se trave entre pessoas imparciais, bem informadas e rigorosas na sua reflexão.

É quase como pedir a lua, pois, nem sequer a assembleia mais democrática da História, a de Atenas, conseguiu essa utópica integridade. Sócrates, o melhor dos atenienses, morreu condenado pelos seus sábios e invejosos compatriotas. Pareciam — disse o acusado — um grupo de menininhos manipulados pela promessa de uns doces. E disse também que era uma atitude ingênua pensar que a justiça emanava da maioria, pois era submeter-se aos que podiam criar o consenso artificialmente, com os meios que tinham ao seu alcance.

Um Cervantes bastante socrático não exagera quando nos avisa que "anda sempre entre nós uma caterva de encantadores que mudam e trocam todas as nossas coisas, e as transformam segundo o seu gosto; e assim, isso que você pensa que é bacia de barbeiro, eu penso que é o elmo de Mambrino, e outro pensará outra coisa". Se Sancho levantasse hoje a cabeça, poderia ouvir a mesma música com outra letra: isso que você acha que é assassinato, o terrorista acha que é justiça, ou quem aborta acha que é interrupção da gravidez, e outro achará que é um crime, e um terceiro outra coisa, como Bruto achou que o assassinato de César era amor a Roma e legítima defesa.

As maiorias

Não é suspeito de fanatismo — ou dogmatismo — quem pense que as maiorias podem enganar-se e efetivamente se enganam? Se é, não deveria sê-lo. Quando a polícia peruana capturou o criador e líder do grupo terrorista Sendero Luminoso, Mario Vargas-Llosa apressou-se a declarar a sua oposição à pena de morte. E quando o jornalista lhe lembrou que a maioria dos peruanos aprovava essa pena, o escritor respondeu taxativamente: "A maioria está enganada. A minoria lúcida deve empreender uma batalha para explicar a essa maioria que a pena de morte é uma aberração".

O erro por maioria é uma das limitações evidentes do consenso. Conhecemos consensos tão absolutos como injustos: o antigo consenso sobre a escravidão, ou sobre a inexistência de direitos na criança e na mulher, e muitos outros.

O erro, patrimônio constante da humanidade, atinge por igual as minorias e as maiorias. E o consenso não garante o bem e a verdade, porque não cria a realidade: o câncer não é mau por consenso, e o alimento também não é bom por consenso.

Portanto, o que tem importância não é o consenso, mas que o consenso respeite a realidade. Como disse o psicólogo Erich Fromm (1900-1980), "a circunstância de haver milhões de pessoas que sofrem das mesmas formas de distúrbio mental não faz delas pessoas equilibradas".

Isto não significa que procurar o consenso à hora de enfrentar os grandes problemas sociais e políticos não seja o modo de proceder mais humano e também mais democrático. Neste campo, as atuais éticas do diálogo não inventaram nada. Os *diálogos* platônicos, que tiveram lugar e foram passados a escrito há mais de dois mil anos, foram grandes debates conduzidos por Sócrates, em que se falava da excelência individual e social com todos os matizes da própria vida. Desde então, por fortuna, o Ocidente navega por esses mares.

O SILÊNCIO DE DEUS

Uma pergunta inevitável

As antigas mitologias propunham divindades caprichosas e temíveis, que se aceitavam ingênua e acriticamente. A mitologia moderna declara o seu agnosticismo com a mesma ingenuidade e ausência de sentido crítico. Nos dois casos, temos de reconhecer que Deus é a referência humana mais essencial e inevitável. Caso contrário, não seria a palavra que mais se repete na Biblioteca Nacional de Paris, seguida de perto pela palavra *Jesus Cristo*.

Por que nos perguntamos necessariamente sobre Deus? Em primeiro lugar, porque gostaríamos de decifrar o mistério da nossa origem e saber quem somos. Diz Jorge Luis Borges em três versos magníficos: "Para mim sou uma ânsia e um arcano,/ Uma ilha de magia e de temores,/ Como o são, talvez, todos os homens".[1]

Em segundo lugar, porque desconhecemos a origem do Universo e porque a sua própria existência escapa a qualquer explicação científica. Stephen Hawking afirma que a ciência, ainda que algum dia chegue a responder a todas as nossas perguntas, nunca poderá responder à mais importante: por que foi que o Universo se deu ao incômodo de existir?

Em terceiro lugar, porque o Universo é uma gigantesca pista. Com efeito, embora Deus não nos entre pelos olhos, temos dEle a mesma evidência racional que nos

---

[1] *"Para mí soy un ansia y un arcano,/ una isla de magia y de temores,/ como lo son tal vez todos los hombres"* (Jorge Luis Borges, "Al primer poeta de Hungría", em *Obras completas*, Emecé Argentina, Buenos Aires, vol. II, p. 497).

permite ver por trás de um vaso o oleiro, por trás de um edifício o construtor, por trás de um quadro o pintor, por trás de um romance o escritor. O mundo — com as suas luzes, cores e volumes — não é problemático por haver cegos que não o podem ver. O problema não é o mundo, mas a cegueira. Com Deus passa-se coisa parecida, e não é lógico duvidar da sua existência por haver alguns que não o veem.

Em quarto lugar, tendemos a perguntar-nos sobre Deus porque fomos feitos para o bem, como testemunha constantemente a nossa consciência. No túmulo de Kant, leem-se estas palavras escritas por ele: "Há duas coisas no mundo que me enchem de admiração: o céu estrelado sobre mim e a ordem moral dentro de mim".

Em quinto lugar, porque fomos feitos para a justiça. O absurdo que representa, tantas vezes, o triunfo insuportável da injustiça reclama um Juiz Supremo que tenha a última palavra. Sócrates disse que, "se a morte acaba com tudo, seria vantajosa para os maus".

Em sexto lugar, porque observamos que também fomos feitos para a beleza, para o amor, para a felicidade. E ao mesmo tempo verificamos que nada do que nos rodeia pode acalmar essa sede. O poeta espanhol Pedro Salinas (1891-1951) escreveu que os beijos e as carícias enganam-se sempre: não levam aonde dizem, não dão o que prometem. Platão, numa das suas intuições mais geniais, atreve-se a dizer que o Ser Sagrado é vislumbrado no ser querido e que o amor provocado pela formosura corporal é a chamada de outro mundo para nos despertar, espreguiçar e resgatar da caverna em que vivemos.

Em sétimo lugar, procuramos a Deus porque vemos morrer os nossos seres queridos e sabemos que nós também vamos morrer. Ante a morte do seu filho Jorge, Ernesto Sábato escrevia: "Neste entardecer de 1998, continuo a escutar a música que ele amava, aguardando com infinita esperança o momento de nos reencontrarmos nesse outro mundo, nesse mundo que talvez, talvez exista".

O céu não responde

Depois de termos visto por alto alguns motivos que levam o ser humano a procurar a Deus necessariamente, compreendemos que Hegel tenha dito que não perguntar-se sobre Deus equivale a dizer que não se deve pensar. Mas também sabemos — como Albert Camus — que qualquer dia a peste pode acordar de novo os seus ratos e enviá-los a uma cidade feliz para dizimá-la.

Os biógrafos de Camus, prêmio Nobel de literatura em 1957, atribuem a sua profunda incredulidade a uma ferida que as garras do mal lhe causaram na adolescência e que nunca cicatrizou. Vivia em Argel, tinha quinze ou dezesseis anos e passeava com um amigo à beira-mar. Depararam com um rebuliço de gente. No chão, jazia o cadáver de um menino árabe, esmagado por um ônibus. A mãe chorava em altos gritos e o pai soluçava em silêncio. Depois de uns momentos, Camus apontou para o cadáver, levantou os olhos ao céu e disse ao amigo: "Veja, o céu não responde".

A partir de então, cada vez que tentava superar esse impacto, levantava-se nele uma onda de rebeldia. Parecia-lhe que toda a solução religiosa tinha que ser uma falácia, uma forma de escamotear uma tragédia que nunca deveria ter ocorrido. Daí em diante, o futuro escritor dá as costas a Deus e abraça a religião da felicidade. "Todo o meu reino é deste mundo", dirá. E também: "Desejei ser feliz como se não tivesse outra coisa que fazer".

Mas ataca-o o golpe brutal de uma doença. Dois focos de tuberculose truncam a sua carreira universitária e obscurecem o horizonte azul de um jovem que reconhece a sua paixão hedonista pelo sol, pelo mar e por outros prazeres naturais. Instala-se o absurdo numa vida que só queria cantar. E é então que o escritor faz *Calígula* dizer uma verdade tão simples, tão profunda e tão dura: "Os homens morrem e não são felizes".

Para Camus, a felicidade será a disciplina sempre deixada para trás no currículo da humanidade. Uma vida destinada à morte converte a existência humana num sem-sentido e faz de cada homem um absurdo. É contra esse destino que Camus escreverá *O mito de Sísifo*, em que a sua solução voluntarista se resume numa linha: "É preciso imaginar Sísifo feliz". E a felicidade do seu Sísifo — que bem pode ser Mersault, o protagonista de *O estrangeiro* — é a autossugestão de julgar-se feliz.

O romance *A peste* será uma nova tentativa de tornar possível a vida feliz num mundo mergulhado no caos e destinado à morte. Mais que um romance, é a radiografia da geração que viveu a Segunda Guerra Mundial. Camus já não fala do seu sofrimento individual, mas dessa imensa vaga de dor que submergiu o mundo a partir de 1939. Nas suas páginas finais, recorda-nos que as guerras, as doenças, o sofrimento dos inocentes, a maldade com que o homem trata o homem..., só conhecem tréguas incertas, após as quais recomeçará o ciclo do pesadelo.

Onde estava Deus em 11 de março?

Elie Wiesel, que cunhou o termo *Holocausto*, tinha doze anos quando chegou numa noite ao campo de extermínio de Auschwitz, num vagão de gado. Viu então um fosso do qual subiam chamas gigantescas. Um caminhão aproximou-se do fosso e descarregou a sua carga: eram crianças!

Wiesel sobreviveu e pôde contar-nos que nunca esqueceria essa primeira noite no campo, que fez da sua vida uma longa noite guardada sob sete chaves. Jamais esqueceria essa labareda e a cara dos meninos que viu converterem-se em fumaça. Jamais esqueceria esses instantes que assassinaram o seu Deus na sua alma e que deram aos seus sonhos o rosto do deserto. Jamais esqueceria esse silêncio noturno que lhe tirou para sempre a vontade de viver.

Eu estava em Madri em 11 de março, o dia em que um múltiplo atentado explodia vagões de trem, matava duzentas pessoas e feria mais de mil. Lembrei-me de Wiesel. Onde estava Deus? Sei que não é uma pergunta inédita, pois o ser humano a vem formulando desde que o homem apareceu sobre a terra e verificou que a sua vida é sempre dramática. Mas é uma pergunta obrigatória. A resposta, porém, não o é. Embora a existência da dor — concretamente o sofrimento dos inocentes — seja o grande argumento do ateísmo, a humanidade, na sua imensa maioria, sempre acreditou em Deus.

De qualquer modo, se Deus existe, por que permite o mal? Sem resolver o mistério desta questão, uma resposta clássica diz que Deus podia ter criado seres livres, mas, se os criou, não pode impedir que pratiquem ações más, pois respeita as regras que Ele mesmo estabeleceu. Outra das respostas tradicionais diz que, embora o mal não seja querido por Deus, não escapa à sua providência: é conhecido, dirigido e ordenado por Ele para algum fim bom.

Neste sentido, o psiquiatra Viktor Frankl se perguntava se um chimpanzé que recebeu sucessivas injeções para produzir a vacina da poliomelite — ou da Aids, diríamos hoje —, seria capaz de entender o significado do seu sofrimento. E não há de ser concebível — concluía — que exista outra dimensão, um mundo para além do mundo do homem, um mundo em que a pergunta sobre o significado último do sofrimento humano obtenha resposta?

A verdade é que, se Deus é bom e todo-poderoso, Ele surge como o último responsável pelo triunfo do mal, ao menos por não impedi-lo. E então a história humana converte-se num juízo contra Deus. Há épocas em que a opinião pública senta Deus no banco dos réus. Aconteceu no século de Voltaire. Acontece nos nossos dias. Quando o jornalista Vittorio Messori interrogou o bispo de Roma sobre este ponto, a resposta do

Sumo Pontífice, sem suprimir o mistério da questão, foi de uma radicalidade proporcional à magnitude do problema: o Deus bíblico entregou o seu Filho à morte numa cruz.

Poderia encontrar-se outra justificação para a sofredora história humana? Não é um prova de solidariedade para com o homem que sofre? Se Cristo permaneceu pregado na cruz até o fim, se do alto da cruz pôde bradar, como todos os que sofrem: *"Meu Deus, meu Deus, por que me abandonaste?"*, esse brado ficou na história do homem como o argumento mais forte. "Se não tivesse existido essa agonia — concluía João Paulo II —, teria ficado por demonstrar que Deus é Amor".

Não chove, é o céu que chora!, repetiam os dois milhões de manifestantes que no dia 12 de março gritavam a sua indignação e tristeza pelas ruas de Madri. Tinham razão: o céu chorava uma vez mais a barbárie dessa "espécie dos abismos". Mas a última palavra, não a têm as investidas do mal nem o pelotão dos psicólogos bem-intencionados que não podem devolver a vida aos mortos. *"Hoje mesmo estarás comigo no Paraíso"*, prometeu Cristo a um moribundo torturado numa cruz.

Se todos quisemos ser madrilenos com as vítimas do selvagem atentado, penso que Cristo na Cruz foi naqueles dias mais madrileno que ninguém. E parece-me que perguntar onde estava Deus no dia 11 de março tem uma resposta que faz sentido: Deus estava cravado numa cruz, precisamente por causa da barbaridade desse dia e de todas as barbaridades da história humana. Se não fosse assim, a comemoração da Semana Santa sevilhana — para dar um exemplo muito querido e muito nosso — seria mero folclore. Ou, com palavras duras de Shakespeare, um conto que nada significa, representado por um bando de idiotas.

Kant pensava que Deus existe porque fomos feitos para a justiça. O absurdo que constitui tantas vezes o triunfo insuportável da injustiça pede um Juiz

Supremo que tenha a última palavra. Sócrates exprimiu esse argumento na figura de Minos, o juiz que recebe e julga as almas no outro lado, após a morte, e que partilha da natureza humana — para compreender a fragilidade dos homens —, mas também da divina, para restabelecer a justiça última.

Kant, que não se caracterizava pelo seu espírito religioso, mas pela sua razão inquisitiva, também pensava que o sofrimento humano não é incompatível com a infinita bondade e onipotência de Deus. Se ainda mantivermos na retina as imagens madrilenas, estas palavras podem parecer-nos escandalosas, mas nesse caso Kant dir-nos-ia que um Deus infinitamente poderoso e bom pode muito bem compensar infinitamente qualquer tragédia humana com uma eternidade feliz.

Santo Agostinho põe esse mesmo argumento na boca de um morto consumido pelo desconsolo que viu apossar-se dos seus seres queridos. Imaginemos que são palavras de uma criança à sua mãe:

"Não chores se me amas. Se conhecesses o dom de Deus, o que te espera no Céu! Se pudesses ouvir o cântico dos anjos e ver-me no meio deles! Se por um instante pudesses contemplar, como eu, a Beleza diante da qual as belezas empalidecem! Amaste-me no país das sombras e não te resignas a ver-me no das realidades eternas? Acredita: quando chegar o dia que Deus determinou para que venhas a este Céu onde eu te precedi, voltarás a ver quem sempre te ama, e encontrarás o meu coração com todas as ternuras purificadas. Encontrar-me-ás transfigurado, feliz, não à espera da morte, mas avançando contigo pelos caminhos da luz. Portanto, enxuga as tuas lágrimas e não chores, se me amas".

O argumento

Conta o escritor Jiménez Lozano (*1930) que, durante a guerra civil espanhola, iam fuzilar o sacristão e vários habitantes do povoado. Já os tinham encostado ao muro do cemitério, ao amanhecer, quando chegou o pároco numa burra do tamanho de um bonde. Disse bom-dia sem mais e quis interceder junto dos milicianos. Mas responderam-lhe de maus modos e aconselharam-no a ir-se embora. Então o pároco apeou-se da burra e disse mansamente aos fuziladores: "Vocês não me entenderam".

Quando começaram a troçar dele, enervou-se, corou, arregaçou a batina, arqueou as sobrancelhas negras como um carvão, afinou o vozeirão dos grandes sermões e ordenou que soltassem aqueles infelizes. "Agora mesmo!", trovejou. Fez-se um silêncio espesso. E fizeram-lhe caso. Não por causa da ordem taxativa nem da navalha que brandia entre as mãos. Obedeceram porque os olhou de frente e esgrimiu o argumento: "Digo-vos eu..., que fui capador".

Poucos dias depois de ler este episódio, a jornalista catalã Ima Sanchís perguntou-me em Barcelona pela força desse argumento. Com a pressa própria dos jornalistas, tinha folheado *Deus e os náufragos* e pedia-me uma espécie de silogismo irrefutável para chegar a Deus, um atalho direto e bem sinalizado. A sua pergunta, mais do que uma legítima curiosidade intelectual, tinha o tom de súplica, de procura sincera. Falei-lhe das grandes provas cosmológicas e escolhi uma das suas mais belas formulações:

"Pergunte à formosura da terra, do mar, do ar dilatado e difuso. Pergunte à magnificência do céu, ao ritmo acelerado dos astros, ao sol — dono fulgurante do dia — e à lua — senhora resplandecente e temperante da noite —. Pergunte aos animais que se movem na água, aos que habitam a terra e aos que voam nos ares. Pergunte aos espíritos que você não vê e aos corpos cuja evidência lhe entra pelos olhos. Pergunte ao mundo visível, que tem necessidade de ser governado, e ao invisível, que é quem governa. Pergunte a todos, e todos lhe responderão: «Olhe-nos; somos belos». A beleza deles é uma confissão. Quem fez estas formosuras imperfeitas senão Aquele que é a formosura perfeita?"

É um texto célebre de Santo Agostinho. E para que a jornalista não pensasse que a argumentação sobre Deus é coisa de santos, li a seguir o epitáfio que o marquês de Villaviciosa de Astúrias, Pedro Vidal, compôs para o seu próprio túmulo:

"Enamorado do Parque Nacional da Montanha de Covadonga, nele desejaria viver, morrer e descansar eternamente. Mas havia de ser no mirante de Ordiales, no reino encantado dos cervos e das águias, lá onde conheci a felicidade dos céus e da terra, lá onde passei horas de admiração, sonho e arroubos inesquecíveis, lá onde adorei a Deus nas suas obras como seu

Supremo Artífice, lá onde a natureza me apareceu verdadeiramente como um templo".

À jornalista Ima, inteligente e elegante, o Deus dos filósofos sabia a pouco. E sobretudo quando são os próprios filósofos que o negam e se contradizem entre si. A jornalista é filha do seu tempo, um tempo de dúvidas e incredulidade, herdeiro ao mesmo tempo de Voltaire e Descartes, de Comte e Nietzsche, de Marx e Darwin. Pensa, com razão, que um Deus concebido como Causa ou Inteligência suprema não explica a irracionalidade humana, a dor imensa acumulada durante séculos de escravidão e de guerras, de doenças e de injustiças. "Por que se convertem os conversos famosos? Como é que responde o Deus dos conversos ao mistério do mal, ao escândalo do sofrimento humano?"

A pergunta não podia ser melhor formulada e exigia uma resposta à altura. Ima surpreendeu-se quando eu lhe disse que os conversos dão todos a mesma resposta e que essa resposta não é um argumento, mas uma *Pessoa*. A diferença entre entender um argumento e conhecer uma pessoa é enorme: não se conhece ninguém em dois minutos, nem em duas horas, nem em dois meses. Por isso, os conversos precisam de tempo, de muito mais tempo do que aquele que dura uma entrevista para a imprensa. É o tempo que demorou Dostoievsky, preso na Sibéria durante cinco anos, para entender e resumir o argumento definitivo dos conversos, tão diferente do do castrador:

"Sou filho deste século, filho da incredulidade e das dúvidas, e continuarei a sê-lo até o dia da minha morte. Mas a minha sede de fé sempre me causou uma profunda tortura. Vez por outra, Deus envia-me momentos de calma total, e foi nesses momentos que formulei o meu credo pessoal: o de que ninguém é mais belo, profundo, compreensivo, conforme à razão, viril e perfeito que Cristo. Mas, além disso — e digo-o com um amor entusiasta —, não pode haver nada melhor. Mais ainda: se alguém me provasse que Cristo não é a Verdade, e se se provasse que a verdade está fora de Cristo, preferiria ficar com Cristo a ficar com a verdade".

Marta no espelho

Há algum tempo, escrevi um romance sobre um rapaz de Vigo e uma moça de Barcelona. Ela mudava de cidade e matriculava-se no colégio do rapaz. Procurei retratar a paisagem e a vida de um grupo de amigos jovens, com as suas típicas relações. Reconheço que escrevi com esmero, pois pretendia compor um canto à amizade e uma história de amor. Depois, chegaram-me cartas de leitores, sobretudo adolescentes, que se viam refletidos nessas páginas. Em alguns casos, tão refletidos como num espelho. Marta, por exemplo, que era também novata num colégio, escrevia: "Imagino que não me vai acreditar se lhe digo que se passou comigo o mesmo que com a Paula do seu romance: há um rapaz muito especial que me alegra com os olhares furtivos que me lança nas aulas". Marta resumia toda a intensidade do seu sentimento com uma frase mínima e magnífica: "Meu Deus, nunca pensei que pudesse sentir tanto com tão pouco".

Amigo dos matizes, confesso que gostei especialmente desse "Meu Deus". Talvez de um modo inconsciente, essa invocação espontânea dava a chave de tudo o que o amor tem de complexo e misterioso. Se, pelas suas obras, consideramos gênios um Mozart e um Leonardo, um Vivaldi e um Goya, a pessoa que amamos — terna ou apaixonadamente — apresenta-se aos nossos olhos como uma obra-prima do próprio Criador. Diante dos nossos olhos deslumbrados, esse primeiro amor, esse filho, essa esposa trazem impresso o selo do Artista com maiúscula, e se os víssemos de outro modo haveria de parecer-nos que os rebaixávamos a um nível inaceitável.

Os exemplos que se poderiam trazer são inúmeros. Num dia do outono de 1896, Chesterton conheceu Frances Blogg e apaixonou-se por ela. Naquela noite, escreveu, na solidão do seu quarto, que Frances faria as delícias de um príncipe e que Deus criou o mundo e dispôs nele reis, povos e nações só para que assim a encontrasse. Depois escreveu à moça e disse-lhe que "qualquer atriz, com um leve batom nos lábios e um pouco de maquiagem, conseguiria parecer-se com Helena de Troia, mas nenhuma poderia parecer-se com você sem ser uma bênção de Deus". O curioso é que, naqueles anos, Chesterton se declarava agnóstico.

As palavras de Chesterton sugerem-nos uma segunda razão para entendermos o amor em chave divina. Experimentamos a amizade íntima e o amor profundo como presentes imerecidos — por que a mim? —, que procedem de uma generosidade impossível entre os seres humanos.

Anne Frank enamorou-se de Peter van Daan no seu esconderijo. Tinha ela catorze anos, três menos que ele, mas a vivacidade da menininha e a timidez do rapaz compensavam a diferença de idade.

Nas encantadoras páginas do seu *Diário*, Anne interpreta essa amizade e esse amor como um presente divino. Em 17 de março de 1944, escreve que "à noite, quando termino as minhas orações dando graças por todas as coisas boas, queridas e bonitas, ouço gritos de júbilo dentro de mim, porque penso nessas coisas boas como o nosso refúgio, a minha boa saúde ou o meu próprio ser, e nas coisas queridas como Peter".

Poderíamos demonstrar essa generosidade divina, de forma indireta, ao observar que, no nascimento de uma amizade profunda ou de um amor intenso, houve sempre um encontro que poderia muito bem não ter acontecido. Bastaria termos nascido em outra rua e termos estudado em outro colégio, em outra universidade, para que não tivéssemos conhecido os nossos melhores amigos, para que não concorresse o conjunto de acasos que nos uniram.

Embora seja possível que os acasos não existam, Chesterton, Marta e Anne Frank dizem-nos que acaso é o nome que damos à Providência quando não falamos com propriedade. Nesse sentido, no seu célebre ensaio sobre a amizade, C.S. Lewis suspeita que foi um Mestre de Cerimônias invisível quem nos apresentou os nossos melhores amigos, e deles quer valer-se para revelar-nos a beleza das pessoas: uma beleza que procede dEle e a Ele nos deve levar.

Sentimos que o amor desperta em nós uma sede de felicidade que não pode ser aplacada. Com efeito, a inflamação amorosa provocada pela beleza corporal deixa sempre o sabor agridoce de uma promessa não cumprida. Por isso, os gregos dizem-nos que o amor é filho da riqueza e da pobreza, com essa dupla herança: rico em desejos e pobre em resultados. Um deles, Platão, suspeita que o amor é, no fundo, uma chamada dos deuses, uma forma sutil de nos fazer entender que, depois da morte, nos espera outro mundo onde a nossa sede de plenitude será saciada.

Concluo com uns versos que resumem o que tentei explicar nesta reta final: as três razões que nos levam a interpretar o amor em chave divina. Pertencem ao poema *Esposa*, de Miguel D'Ors:

Com o teu olhar cálido,
alguém que não és tu me olha: sinto
confundido no teu outro amor indizível.
Alguém me quer nos teus quero-te,
                                    [alguém
acaricia a minha vida com as tuas mãos
                                    [e põe
em cada um dos teus beijos o seu
                                    [palpitar.
Alguém que está fora do tempo, sempre
por trás do invisível umbral do ar.

Direção geral
Renata Ferlin Sugai

Direção de aquisição
Hugo Langone

Direção editorial
Felipe Denardi

Produção editorial
Juliana Amato
Gabriela Haeitmann
Karine Santos
Ronaldo Vasconcelos

Capa
Karine Santos

Diagramação
Sérgio Ramalho

ESTE LIVRO ACABOU DE SE IMPRIMIR
A 08 DE DEZEMBRO DE 2024,
EM PAPEL OFFSET 90 g/m².